GALERIE ITALIENNE.

CATALOGUE

DE

TABLEAUX,

DES DIVERSES ÉCOLES D'ITALIE

COMPOSANT

LA GALERIE ITALIENNE,

Rue et Pavillon de l'Échiquier, Nº. 34
au Premier.

PRIX : UN FRANC

A PARIS,

DE L'IMPRIMERIE DE NOUZOU, RUE DE CLÉRY, Nº. 9.

1818.

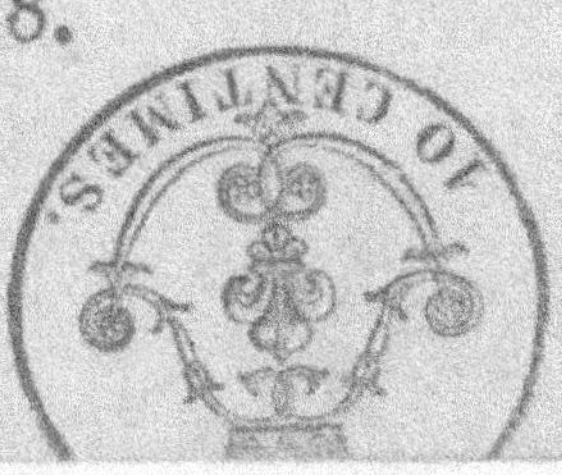

AVERTISSEMENT.

La Collection de Tableaux que l'on présente à la curiosité du Public est une des plus précieuses et des plus belles qui ait jamais été vue à Paris.

Elle a été formée en Italie pendant un séjour de plusieurs années, avec un choix sévère et d'après les conseils de plusieurs directeurs des premières Galeries de ce Pays.

Il n'est point un seul Tableau de cette riche réunion qui n'ait été, sur les lieux mêmes, soumis à un examen raisonné, et dont l'authenticité n'ait été mise hors de doute.

Une foule de morceaux capitaux, dignes des premiers Musées de l'Europe, ornent cette Galerie. Elle présente des ouvrages de toutes les écoles au-delà des Alpes, et appelle spécialement l'attention des véritables connaisseurs.

Il faut quelque chose de plus que l'habitude de voir des Tableaux, pour apprécier dignement les magnifiques productions du génie de la peinture italienne ; les amateurs exercés savent seuls leur assigner le rang qui leur est dû. On a lieu d'espérer qu'ils seront satisfaits d'une réunion qui peut, à juste titre, être qualifiée de véritable Galerie.

Il en existe de belles encore en Italie, mais on peut assurer, après les avoir vues presque toutes, qu'il n'est point de Palais, dans ce pays des arts, qui ne tînt à honneur de posséder la Collection que l'on met sous les yeux du Public.

Pour ne point rendre le catalogue plus volumineux, et pour éviter de préjuger aucune opinion, on s'est abstenu de toute observation et de tout éloge de détail, on s'est borné à indiquer brièvement le sujet de chaque Tableau, abandonnant l'examen de son mérite et de sa rareté aux lumières des amis des arts.

GALERIE ITALIENNE.

CATALOGUE

DES TABLEAUX

EXPOSÉS A LA GALERIE ITALIENNE,

RUE DE L'ÉCHIQUIER, N°. 34.

A.

ALBANI (*Francesco*) Bolognese, né en 1578, mort en 1660.

1 — Le Printemps. Vénus est abandonnée au sommeil, couchée sur une draperie bleue ; un rideau de couleur pourpre, attaché à des branches, est étendu au-dessus du lieu où elle repose : un Amour veille auprès d'elle et commande le silence ; des grouppes d'enfans ailés cueillent des fleurs, en ornent des corbeilles, ou se jouent dans des bosquets. Le paysage représente une colline disposée en jardin ; des massifs d'arbres ombragent ce séjour enchanté, et la déesse Flore, portée sur des nuages, couronne le Tableau.

2 — L'Été. Un vaste paysage, coupé de montagnes, de rochers et de plaines, compose le fond de ce tableau. Un torrent descendant par diverses cascades forme, sur le premier plan, un lac, au bord duquel est couchée une belle nayade.

Des enfans, sous la forme d'Amours, coupent les blés, battent les gerbes, prennent leur repas de moissonneurs, tandis que d'autres se baignent dans le lac et gravissent des rochers en sortant des eaux. Cérès, dans une Gloire, couronne ce tableau ; des Amours, portant des instrumens de moisson, lui servent de cortège.

3 — L'Automne. Le jeune Silène endormi est promené dans un char attelé de quatre Amours. Des grouppes disséminés cueillent les fruits et les raisins ; quelques-uns de ces vendangeurs ailés sont suspendus à des ormes chargés de vignes. Pomone assiste à ces travaux ; elle repose sur le gazon, et agace un de ces petits ouvriers, en lui montrant une poire. Bacchus, couronné de pampres et le thyrse à la main, est porté sur des nuages, et préside à la saison qui répand ses bienfaits.

4 — L'Hiver. On aperçoit l'horison de la mer dans le fond d'un paysage varié. Vulcain, couché et appuyé sur un marteau, préside aux travaux de ses forges : des Amours sont ses Cyclopes. Ils préparent le fer des armes, le font rougir, aiguisent les traits et les essayent. Vénus parcourt les cieux dans un char porté sur des nuages et traîné par des colombes ; des Amours éclairent sa marche de leurs flambeaux.

Ces quatre Tableaux sortent du palais de Santa Croce, à Rome. *Toile.*

ALBERTINELLI (*Mariotto*) Fiorentino, né en 1466, mort en 1512.

5 — La Vierge tient l'enfant Jésus debout sur

une table ; à ses pieds est Saint-Jean qui le contemple. *Bois.*

6 — La Vierge donne le sein à l'enfant Jésus. Deux Anges sont à ses côtés : l'un tient une épée et un globe, l'autre une tige de lys en fleur. *Bois.*

ALLORI (*Alessandro*) Fiorentino, né en 1535, mort en 1607.

7 — Portrait de ce peintre fait par lui-même. *Bois.*

8 — Sous une grotte champêtre, Vénus est entourée de Nymphes et d'Amours ; elle est à sa toilette, couvre sa tête de fleurs, revêt sa ceinture, se fait chausser ses brodequins. L'ouverture de la grotte laisse appercevoir des campagnes où folâtrent des troupes d'Amours ; un autre grouppe qui couronne ce tableau, répand des couronnes et des bouquets sur la Déesse. *Bois.*

ALLORI (*Christoforo*) Fiorentino, né en 1577, mort en 1621.

9 — Portrait d'un prince de la famille des Médicis. *Bois.*

ALTISSIMO (*Christoforo*) Fiorentino, mort en 1570.

10 — Portrait de Benoît Varchi, célèbre historien de Florence. *Toile.*

ASSISI (*Andrea di*) dette l'Ingegno, né en 1470, mort en 1556.

11 — La Vierge tient l'enfant Jésus sur ses bras, dans le fond d'un paysage. *Bois.*

B.

BADALOCHI (*Sisto*) di Parma ; il peignait vers
l'année 1620.

12 — Suzanne surprise au bain par les Vieil-
lards. Le fond représente un jardin orné de sta-
tues et de fontaines. *Toile.*

BARROCCIO (*Fiori Federigo*) Urbinate, né en
1528, mort en 1612.

13 — L'enfant Jésus est couché dans sa crèche;
la Vierge, à genoux et les mains jointes, adore
son Divin Fils. Les bergers arrivent dans l'étable
et rendent les premiers hommages au Sauveur :
Saint-Joseph considère ce pieux spectacle. *Toile.*

14 — Portrait d'une jeune princesse. *Cuivre.*

15 — Portrait d'un duc d'Urbin. *Cuivre.*

BARTOLOMEO (*Fra Bartolomeo della Porta*)
detto il Frate, Fiorentino, né en 1469, mort
en 1517.

16 — L'enfant Jésus est couché à terre ; la
Vierge, à genoux, l'adore les mains jointes. Saint-
Joseph est assis sur un second plan et considère
le Sauveur, la tête appuyée sur sa main. Ce sujet
est dans un fond de paysage, orné d'architecture.
Bois.

17 — La Vierge tient l'enfant Jésus sur ses
genoux ; elle fait don du Rosaire à Saint-Domi-
nique, et le Sauveur présente à Sainte-Claire un
cœur enflammé renfermant son image. *Toile.*

BASSANO (*Jacopo da Ponte*) detto il, né en 1510, mort en 1592.

18 — La Vierge, retirée dans l'étable de Betléhem, présente l'enfant Jésus à l'adoration des bergers. *Toile.*

BATONI (*Pompeo*) Lucchese, né en 1708, mort en 1787.

19 — Tête d'une jeune et jolie femme vue de profil. *Toile.*

BELLINI (*Giovanni*) Veneto, né vers l'année 1437, mort en 1517.

20 — La Vierge a sur ses genoux l'enfant Jésus; à ses côtés sont Sainte-Elisabeth et Sainte-Magdeleine. *Bois.*

21 — La Vierge assise tient l'enfant Jésus sur ses genoux; Sainte-Catherine le contemple les mains jointes, en posture d'adoration. *Bois.*

22 — Saint-Sébastien est attaché à une colonne et percé de flèches : le fond représente un paysage. Le peintre a placé son portrait au bas du tableau, dans un angle. *Bois.*

BONNINI (*Girolamo*) Anconitano, mort vers l'année 1670.

23 — Sainte-Magdeleine, retirée dans un désert, se livre à la pénitence et à la méditation. Ce peintre était élève de l'Albane. *Toile.*

24 — Le Martyre de Sainte-Catherine. Entourée des instrumens de son supplice, elle élève les yeux vers le ciel; des Anges lui apparaissent, portant des couronnes et des palmes. *Cuivre.*

BONVICINO (*Alessandro*) detto il Moretto, Bresciano, mort vers l'an 1550.

25 — Portrait de Théophile Folengo, moine Bénédictin, surnommé Merlin Cocaye, inventeur des poésies macaroniques. *Bois.*

BOSCHI (*Fabrizio*) Fiorentino, né en 1570, mort en 1642.

26 — Portrait du fameux astronome Gallilée. *Toile.*

BOTTICELLI (*Sandro Filippi*) Fiorentino, né en 1437, mort en 1515.

27 — La Vierge adore l'enfant Jésus qui repose sur ses genoux ; il est soutenu par un Ange. *Bois.*

BRILL (*Paul*) et Annibal Caaaache ; le premier né en 1554, mort en 1626 ; le second né en 1560, mort en 1609.

28 — Sur le bord d'un lac et à l'ombre d'un épais feuillage, est assise une Nymphe, qui sort du bain et exprime l'eau de sa longue chevelure blonde ; près d'elle est un Satyre à demi caché dans les roseaux, qui semble vouloir la surprendre. Des campagnes éloignées s'apperçoivent à travers le feuillage. *Cuivre.*

BRONZINO (*Angiolo*) Fiorentino, né en 1502, mort en 1567.

29 — Dans un paysage ombragé et sous une grotte, Armide et Renaud se livrent aux charmes de l'amour ; le héros paraît vaincu par la Volupté. *Bois.*

30 — Renaud assis sur le gazon et appuyé sur

les genoux d'Armide , lui présente un miroir ; le
fond représente les jardins de cette enchanteresse.
Ces deux sujets sont tirés de la Jérusalem Déli-
vrée du Tasse. *Bois.*

31 — Portrait d'Isabelle de Médicis , fille de
Cosme , premier grand-duc de Toscane. *Bois.*

32 — Portrait d'une femme de distinction. *B.*

C.

CAGNACCI (*Guido*) da Sant Archangelo , né
en 1601 , mort en 1681.

33 — Cléopâtre expirante , après avoir été pi-
quée par l'aspic. *Toile.*

CANALETTI (*Antonio*) Veneto , né en 1697 ,
mort en 1768.

34 — Vue de Venise prise sur les bords de la
mer. On y voit plusieurs grouppes de mariniers.
Toile.

CARAVAGIO (*Michel Angiolo da*) né en 1569,
mort en 1609.

35 — Un vieillard exprime quelques désirs à
une jeune et belle femme ; elle lui montre de la
main une tête de mort , comme un objet plus
convenable à ses méditations. *Toile.*

36 — Portrait du peintre par lui-même. *Toile.*

CARRACCI (*Ludovico*) Bolognese, né en 1555,
mort en 1619.

37 — Déposition de Croix. Le corps inanimé
du Sauveur est supporté par trois anges grouppés
autour de lui. *Cuivre.*

CAVEDONE (*Jacopo*) di Sassuolo, né en 1577, mort en 1660.

38 — Jésus devant Pilate. Le sujet est pris dans le passage de l'Evangile où ce Gouverneur Romain demanda au Sauveur : Qu'est-ce que la Vérité ? *Toile.*

39 — Tête de Saint-Pierre, la main levée en action de Prédicateur. *Toile.*

CERQUOZZI (*Michel Angiolo*) detto delle Bambocciate, Romano, né en 1600, mort en 1660.

40 — Un charlatan, debout sur des tréteaux, vend ses drogues au milieu d'une place à Rome ; des individus en grand nombre sont réunis pour l'écouter. *Toile.*

CIGNANI (*Carlo*) Bolognese, né en 1628, mort en 1719.

41 — Danaé est couchée sur un lit antique et abandonnée au sommeil ; Jupiter descend de l'Olympe, et, le bras soutenu par l'Amour, répand une pluie d'or sur la Nymphe endormie. *Toile.*

42 — Vénus, après son réveil, est couchée sur un lit de repos ; trois Amours l'environnent et s'empressent de lui présenter les ornemens de sa toilette. *Toile.*

43 — Un enfant couché et dormant sur un carreau de pourpre ; il a la tête appuyée sur un crâne humain, et derrière lui est un sablier, image du Temps qui rapproche les extrémités de la vie. *Toile.*

CIGOLI (*Ludovico Cardi da*) Toscano , né en
1559, mort en 1613.

44 — Saint-François d'Assise reçoit d'un Séraphin enflammé les stigmates qui lui font éprouver un extase. Un Ange vient à son secours et soutient sa faiblesse. *Toile.*

45 — Même sujet dans une plus petite proportion. *Toile.*

COSIMO (*Piero di*) Fiorentino, né en 1441,
mort en 1521.

46 — Portrait du fameux Pic de la Mirandole. *Bois.*

CREDI (*Lorenzo di*) Fiorentino, né en 1455 ,
mort en 1533.

47 — Portrait de femme. *Bois.*

48 — Autre portrait de femme. *Bois.*

CRESPI (*Giuseppe Maria*) detto lo Spagnuolo, Bolognese, né en 1665 , mort en 1747.

49 — Saint-François d'Assise, retiré dans un ermitage et tombé en extase. *Cuivre.*

50 — Buste d'un buveur. *Cuivre.*

51 — Buste d'une jeune fille qui chante. *Cuiv.*

CURRADO (*Francesco*) Fiorentino, né en 1570,
mort en 1660.

52 — Le Père Éternel, sous la forme d'un vieillard, vient de tirer Eve de la côte d'Adam endormi. Elle est à genoux, et reçoit les ordres du Très-Haut. Le fond représente un point de vue du Paradis terrestre. *Toile.*

D.

DOLCI (*Carlo*) Fiorentino , né en 1616 , mort
en 1686.

53 — Dans le fond obscur d'une étable , l'enfant Jésus est debout sur sa crèche pour recevoir les offrandes des Mages ; la Vierge le soutient ; devant lui sont agenouillés les Rois qui lui rendent leurs hommages ; on aperçoit plusieurs individus qui sont à leur suite. Saint-Joseph contemple ce spectacle , et des Anges balancent dans les airs des couronnes de fleurs. *Toile.*

54 — Jésus au jardin des Oliviers , faisant sa prière avant sa Passion ; il a les mains croisées sur sa poitrine et exprime la résignation à boire le calice d'amertume qui lui est destiné. Une tunique de pourpre et un manteau bleu forment son vêtement. *Toile.*

55 — Le buste de la Vierge de douleur , entouré d'une draperie bleue , sous laquelle passe le bout d'un doigt , ce qui a fait nommer ce Tableau *la Madonna del Ditto. Cuivre.*

56 — Le buste du Christ flagellé et couronné d'épines. *Cuivre.*

57 — La Vierge dans le moment de l'Annonciation. *Cuivre.*

58 — L'Archange Gabriel recevant du ciel l'ordre d'annoncer à la Vierge la Conception du Sauveur. *Cuivre.*

59 — Saint-Pierre d'Alcantara est représenté dans l'habit de son ordre. Il tient une croix et

élève les yeux vers le ciel, après avoir contemplé ce signe de la Rédemption. *Toile.*

60 — Portrait de Saint-Charles Borromée. *T.*

DOMENICHINO (*Domenico Zampieri detto il*) Bolognese, né en 1581, mort en 1641.

61 — Une des plaies de l'Egypte. Moyse change les eaux en sang. Ce miracle se fait sous les yeux de Pharaon, accompagné du grand-prêtre Egyptien et d'une troupe de ses gardes. Des bateliers considèrent ce prodige avec des signes d'étonnement. Un vaste paysage sert de fond à ce sujet. *Toile.*

62 — Saint-Marc l'évangéliste. Au-dessous de lui sont trois anges qui jouent avec le lion, que la tradition lui a donné pour emblême. Un quatrième ange déploye derrière l'Évangéliste le drapeau de la religion. Ce sujet, ainsi que le suivant, ont été exécutés à Fresque par le Dominiquin, dans l'église de Saint-André della Valle à Rome. *Toile.*

63 — Saint-Luc déroule le livre de la nouvelle loi; des anges montrent le portrait de la Vierge qu'on lui attribue. A ses pieds est le bœuf. Au-dessous sont des anges qui jouent avec les ornemens du grand-prêtre de l'ancienne loi, désormais inutiles. *Toile.*

64 — Buste de Sainte-Agnès levant au ciel ses yeux expirans, après avoir reçu le coup du martyre. *Toile.*

65 — Sainte-Magdeleine fixant le ciel dans l'exercice de sa pénitence. *Cuivre.*

F.

FIESOLE (*Fra Giovanni da*) detto il Beato Giovanni Angelico, né en 1387, mort en 1455.

66 — L'adoration des Mages. Une multitude de figures est disséminée sur les divers plans de ce tableau. Le fond représente l'étable de Betléhem et différens édifices. Au côté droit, des terrasses prolongées sont couvertes de curieux qui considèrent cette cérémonie. Au côté gauche est la suite nombreuse des Mages. Tous s'empressent d'approcher du fils de Marie. *Bois.*

FRANCIA (*Francesco Raibolini detto il*) Bologuese, né vers l'année 1470, mort en 1535.

67 — L'enfant Jésus est couché à terre et reçoit les adorations de la Vierge, de Saint-Joseph, de Saint-Jean et de deux anges dans un fond de paysage. *Bois.*

FURINI (*Francesco*) Fiorentino, né en 1600, mort en 1649.

68 — Buste d'une jeune femme, qui d'une main se presse le sein, et de l'autre tient une pièce de monnaie. Une draperie bleue tombe négligemment sur son bras. *Toile.*

G.

GARBO (*Raffaellino del*) Fiorentino, né en 1474, mort en 1524.

69 — La Vierge est assise sur un siége antique et donne la main à l'enfant Jésus, qui joue avec un petit chien. Sainte-Anne est derrière la Vierge, et s'appuie sur ses épaules. *Bois.*

GAROFOLO (*Benvenuto Tisi da*).

70 — Repos de la Sainte Famille dans l'intérieur d'une habitation. La Sainte Vierge et l'enfant Jésus se chauffent à un brâsier. Saint-Joseph s'abandonne au sommeil. *Toile*.

GASPERO (*Dughet detto il Poussino*) né à Rome en 1613, mort en 1675.

71 — Point de vue pris sur les hauteurs de Rome, représentant l'ancien Temple de la Paix. *Toile*.

GAUDENZIO (*Ferrari*) di Valdugia, né en 1484, mort en 1550.

72 — Prédication de Saint-Jean dans le désert. Elevé sur un tertre, le précurseur annonce l'approche des jours de salut. Des groupes de femmes, d'hommes et d'enfans entourent l'envoyé de Dieu. Ce peintre a été élève du Perugin et imitateur de Léonard de Vinci. *Bois*.

GESSI (*Francesco*) Bolognese, né en 1588, mort en 1649.

73 — Sainte-Magdeleine, retirée dans le désert, s'y livre à la pénitence. Ce peintre était élève du Guide. *Cuivre*.

GHIRLANDAJO (*Domenico Corradi*) Fiorentino, né en 1451, mort en 1495.

74 — La Vierge est assise dans un fond de paysage et caresse l'enfant Jésus. Ce peintre a été le premier auteur de la transition du style antique au moderne, dans l'école florentine. *Bois*.

GHIRLANDAJO (*Ridolfo*) Fiorentino, né en 1485, mort en 1560.

75 — La Vierge tenant affectueusement l'enfant Jésus, qui lui rend ses caresses. Ce tableau a été exécuté sur un dessein de Raphaël, dont Ridolfo a été le collaborateur, dans les ouvrages du Vatican. *Bois.*

GIORDANO (*Luca*) Napolitano, né en 1632, mort en 1705.

76 — La Vierge donne le sein à l'enfant Jésus. Saint-Joseph est à ses côtés. *Toile.*

GIORGIONE (*Giorgio Barbarelli detto il*) da Castel Franco, né en 1476, mort en 1511.

77 — Portrait en buste d'une jeune femme *Cuivre.*

GIULIO ROMANO (*Guilio Pippi detto*), né en 1492, mort en 1546.

78 — La Fortune domine capricieusement sur les Destinées humaines. Elle distribue au hazard des tiares, des couronnes, des mitres et des sceptres, des fers, des carcans, des instrumens de torture et de mort ; un prince qui a des oreilles d'âne est sur son trône. L'Ignorance, le Soupçon, l'Ingratitude l'environnent. La Calomnie, la Haine, l'Envie, la Fraude traînent l'Innocence à son tribunal ; le Regret les suit et la Vérité se plaint d'être exilée de la terre. *Toile.*

79 — Portrait d'une femme qui a été la maîtresse de Jules Romain. *Bois.*

GUERCINO (*Giovanni Francesco Barbieri detto il*), né en 1590, mort en 1666.

80 — Ecce homo. Jésus flagellé, lié, couronné d'épines, est exposé au peuple sur le balcon du Prétoire. Un licteur est à ses côtés. *Toile.*

81 — La Vierge apprend à lire à l'enfant Jésus. *Toile.*

82 — Portrait d'un jeune homme. *Cuivre.*

L.

LANFRANCO (*Giovanni*) di Parma, né en 1581, mort en 1647.

83 — Jésus portant sa croix. *Cuivre.*

LAURI (*Philippo*) Romano, né en 1623, mort en 1694.

84 — Saint-Augustin reçoit les lumières du Saint-Esprit, qui lui apparaît dans une gloire entouré d'un cœur d'anges. *Cuivre.*

LICOZZI (*Jacopo*) Veronese, né en 1543, mort en 1627.

85 — L'adoration des Mages. *Cuivre.*

86 — Résurrection de Jésus-Christ au milieu des gardes qui entourent son tombeau. *Cuivre.*

LUINI (*Bernardino*) mort vers l'année 1535.

87 — La Vierge assise, tient l'enfant Jésus sur ses genoux. Il sourit à sa mère. On apperçoit par la fenêtre un point de vue de campagne. *Bois.*

LUTTI (*Benedetto*) Fiorentino, né en 1666, mort en 1724.

88 — Sainte-Magdeleine évanouie et entourée des instrumens de sa pénitence. *Toile.*

M.

MANFREDI (*Bartolomeo*) Mantovano.

89 — Concert de trois musiciens napolitains ; l'un joue de la contre-basse , l'autre de la flûte et le troisième de la guittare. *Toile.*

MANSUETI (*Giovanni*) Veneto , peignait à la fin du 15e. et au commencement du 16e. siècle.

90 — La Vierge occupe le milieu du tableau et tient l'enfant Jésus sur son genou. A ses côtes Sainte-Magdeleine et Sainte-Catherine qui portent , l'une un vase de parfum , et l'autre une palme. Ces deux bienheureuses présentent à la Vierge , le peintre et sa femme en posture de supplians. *Bois.*

MANTEGNA (*Andrea*) Padovano , né en 1430 , mort en 1506.

91 — Adoration des Mages. Un grand nombre de figures , prenant toutes part à cette dévotion , se trouvent disposées sur divers plans. Le fond représente des débris d'architecture. Mantegna a placé son portrait dans ce tableau. C'est la troisième figure en bas , sur la droite du spectateur. Il tient la main sur sa tête avec une expression de surprise. *Bois.*

MARATTA (*Carlo*) Anconitano , né en 1625 , mort en 1713.

92 — Adoration des Mages. Les cinq figures sont entourées d'une guirlande de fleurs peintes par *Mario Nuzzi detto dei Fiori. Toile.*

93 — L'adoration des bergers. Ils sont group-

dés autour de la crèche. Ce tableau est comme le précédent, entouré d'une guirlande peinte par *Mario dei Fiori. Toile.*

94 — Jésus, exposé sur sa crèche, est adoré par la Vierge et par les bergers qui accourent à la première annonce de sa naissance. Un rayon du ciel éclaire légèrement l'intérieur de l'étable. *Toile.*

95 — La Vierge assise, tient sur ses genoux l'enfant Jésus qui dore la tête légèrement inclinée en arrière. *Toile.*

MARINARI (*Onorio*) Fiorentino, né en 1627, mort en 1715.

96 — Sainte-Catherine de Sienne, méditant sur la couronne d'épines, emblème de la passion du Sauveur. *Toile.*

MASACCIO, Toscano, né en 1401, mort en 1443.

97 — Portrait d'un jeune homme portant un bonnet rouge. *Bois.*

MATTEIS (*Paolo de*) Napoletano, né en 1662, mort en 1728.

98 — La Vierge est assise ; elle a l'enfant Jésus sur ses genoux et lui présente une rose. *Bois.*

MAZZUOLI (*Girolamo*) di Parma, mort vers l'an 1590.

99 — Vénus couronne Pégase, sur le sommet du Parnasse ; elle est accompagnée de l'Amour. *Cuivre.*

MECCHERINO (*Domenico*) detto il Beccafumi Senèse, né en 1474, mort en 1549.

100 — La Vierge tient l'enfant Jésus sur ses

genoux. Il met un anneau au doigt de Sainte-Catherine. A côté du Sauveur est assis le petit Saint-Jean. Derrière lui est Saint-François-d'Assise avec un religieux de son ordre. Sainte Catherine est également accompagnée d'une femme. *Bois.*

N.

NALDINI (*Batista*) Fiorentino , né en 1537 , mort en 1590.

101 — Ecce Homo. Le Christ est présenté au peuple , flagellé et couronné d'épines. Le tableau est bordé des instrumens et des circonstances les plus remarquables de la passion. *Bois.*

O.

ORSI (*Lelio*) detto da Novellara , né en 1511 , mort en 1587.

102 — Saint-Jean assis dans un fond de paysage et abbreuvant un agneau auquel il présente de l'eau dans une coquille. *Bois.*

P.

PAGGI (*Giovanni Batista*) Genovese.

103 — Portrait d'un guerrier génois. *Toile.*

PALMA (*Jacopo*) detto il Vecchio.

104 — La Vierge a sur ses genoux l'enfant Jésus. Il embrasse un globe et marque par là qu'il a pris naissance pour sauver le genre humain. Sainte-Elisabeth et Saint-Jean rendent visite au Sauveur. *Bois.*

PALMA (*Jacopo*) Juniore , né en 1544 , mort
en 1628.

105 — Portrait de la fameuse Bianca Capello,
qui de simple particulière vénitienne devint l'é-
pouse d'un grand duc de Toscane. *Toile.*

PAOLO VERONESE (*Paolo Caliari detto*) né
en 1530 , mort en 1588.

106 — Dans un paysage agreste , Eve est asise
sur un bloc de pierre. Elle donne le sein à Abel.
Caïn est couché à ses pieds et dort ; Adam est
à genoux et baissé. Divers espèces d'animaux
entourent ce grouppe de nos premiers parens.
Toile.

107 — Portrait d'un Sénateur vénitien. *Toile.*

PARMIGIANINO (*Francesco Mazzuoli detto il*)
né en 1503 , mort en 1540.

108 — Dans un paysage, la Vierge assise , tient
à côté d'elle l'enfant Jésus endormi et ayant la
tête appuyée sur un carreau rouge. *Bois.*

109 — L'ascension de Jésus-Christ. Il a déjà
quitté la terre pour s'élever dans les Cieux. Une
gloire brillante l'environne et des chœurs d'anges
volent au-devant de son triomphe. Les apôtres
sont témoins de ce prodige et suivent le Sauveur
des yeux en l'adorant. *Cuivre.*

110 — La Vierge tenant l'enfant Jésus assis
sur un carreau. Saint-Jean est dans un coin du
tableau , la tête appuyée sur ses mains et endormi.
Bois.

PASSIGNANI (*Domenico Cresti detto il*)

111 — Buste de Jésus-Christ, les mains liées tenant le roseau et couronné d'épines. *Bois.*

112 — La Circoncision de notre Seigneur. L'enfant Jésus couché sur un carreau et soutenu par un prêtre du temple. Le grand Pontife, qui préside à cette cérémonie, est entouré de la Vierge agenouillée, de Saint-Joseph et de deux anges en attitude d'adoration. *Toile.*

PENNI (*Luca*) Fiorentino, mort vers l'an 1550.

113 — Sur un fond de paysage, la Vierge tient l'enfant Jésus. Il est debout sur ses genoux. A ses pieds est Saint-Jean que le Sauveur semble vouloir bénir en élevant la main. *Bois.*

PERINO DEL VAGA (*Perino Bonaccorsi detto*) Fiorentino, né en 1500, mort en 1547.

114 — Sur le sommet du Parnasse, Apollon pince sa lyre entouré des Muses. Les neuf premiers et principaux poëtes, dont l'Italie s'honore assistent à ce concert céleste. Tous sont représentés en portraits parfaitement ressemblans. *C.*

PERUGINO (*Pietro Vannucci detto il*) né en 1446, mort en 1524.

115 — Sous un vase portique est assise la Vierge, tenant l'enfant Jésus sur ses genoux. Le Sauveur bénit Saint-Jean qui est devant lui, un genou en terre pour l'adorer. Deux anges sont debout à chaque côté du tableau. L'un joue de la mandoline et l'autre du violon. *Bois.*

116 — Jésus crucifié. Une sainte femme est à genoux au pied de la croix et adore le Sauveur. Deux autres s'empressent de donner des secours à la

Vierge qui est évanouie. Le fond représente le paysage qui entoure le Calvaire. *Bois.*

PESARO (*Simone Cantarini detto da*) né en 1612, mort en 1648.

117 — La Vierge, l'enfant Jésus et St.-Joseph prenant du repos, sur un fond de paysage. *Toile.*

118 — Buste d'Ecce Homo. Jésus couronné d'épines. *Toile.*

PIETRO DA CORTONA (*Pietro Berretini detto*) né 1596, mort en 1669.

119 — Repos de la Sainte Famille. La Vierge joue avec l'enfant Jésus. Saint-Joseph le contemple, et deux Chérubins sourient dans les airs à cette scène gracieuse. Le fond représente un paysage. *Toile.*

120. — Prédication de Jésus dans le désert. Le Sauveur, placé sur une éminence, annonce le royaume des cieux à une foule qui s'empresse autour de lui. *Toile.*

PIGNONE (*Simone*) Fiorentino, né en 1614, mort en 1706.

121 — Vénus tenant la pomme qu'elle a reçue pour prix de sa beauté. *Toile.*

PIOMBO (*Sebastiano del*) Veneto, né en 1475, mort en 1547.

122 — Portrait de Marc Antonio Flamminio, célèbre poëte italien. *Bois.*

PONTORMO (*Jacopo Carrucci detto il*) Fiorentino, né en 1493, mort en 1558.

123 — La Vierge soutient d'une main l'enfant Jésus qui est debout sur une table, de l'autre elle tient un livre. Une tunique violette, un manteau vert et un voile nuancé de rouge et de jaune, com-

posent son vêtement. Ce peintre était élève d'André del Sarto. *Bois.*

124 — Portrait du Pontormo peint par lui-même. *Bois.*

125 — Une jeune femme est assise dans l'intérieur de son appartement ; elle tient un chat sur ses genoux. Un esclave moresque lui présente un miroir pour servir à faire sa toilette. *Bois.*

126 — L'assomption de la Vierge ; elle s'élève au ciel. Un croissant est sous ses pieds. L'enfant Jésus la couronne. Deux anges assistent au triomphe de Marie. *Cuivre.*

PROCACCINI *Giulio Cesare* Milanese, né en 1548, mort en 1626.

127 — La Vierge est assise dans l'intérieur d'un appartement ; elle a la tête appuyée sur une main et de l'autre elle tient l'enfant Jésus assis sur ses genoux. Saint-Joseph est à ses pieds et lui adresse la parole. Le fond représente des décorations d'architecture. *Toile.*

PROCACCINI (*Camillo*) Bolognese, peignait vers la fin du 16e. et au commencement du 17e. siècle.

128 — Le génie de la peinture représenté sous les traits d'une belle femme qui tient un pinceau et une palette. Le Dieu des arts, sous la forme d'un enfant, est placé derrière elle et semble lui donner des inspirations. *Toile.*

PULIGO (*Domenico*) Fiorentino, né en 1475, mort en 1527.

129 — La Vierge assise, tient l'enfant Jésus dans ses bras. Le Sauveur lui sourit et lui fait des caresses. Ce tableau est dans le stile d'André del Sarto dont Puligo était l'élève. *Bois.*

13o — La Vierge est représentée dans un fond de paysage, assise au pied d'un arbre. Elle tient sur ses genoux l'enfant Jésus qui caresse Saint-Jean. Ce tableau a été fait sur un dessein d'André del Sarto. *Bois.*

R.

RAZZI (*Gian Antonio*) Vercellese, né en 1479, mort en 1554.

131 — La Vierge assise au pied d'un pilastre, donne le sein à l'enfant Jésus. Elle est vêtue d'une tunique rouge et d'un manteau vert. *Bois.*

RENI (*Guido*) Bolognese, né en 1585, mort en 1642.

132 — David présentant la tête de Goliath. Le jeune hébreu est nud, une draperie violette, jetée en arrière, couvre ses épaules. Le glaive du géant est dans un coin du tableau. Le fond représente un paysage. *Toile.*

133 — La charité romaine. Une jeune femme donne le sein à son père, dans le fond d'une prison où ce vieillard avait été condamné à mourir de faim. *Toile.*

134 — Renommée représentée sous la forme d'un génie ailé qui sonne de la trompette ; une couronne ducale est sur le premier plan de ce tableau. *Toile.*

135 — Tête d'étude spéciale de l'archange Saint-Michel descendant du ciel ; morceau exécuté dans le stile du Corrège. *Bois.*

136 — Saint-Jacques de Compostelle représenté en costume de pélerin. *Toile.*

137 — Saint-Jérôme dans le désert, méditant sur les écritures. *Cuivre.*

138 — Deux amours soulevant la draperie d'un rideau. *Bois.*

139 — Amour endormi sous une tenture , la tête appuyée sur un carreau bleu. *Bois.*

140 — Portrait d'un Gonfalonier de Bologne. *T.*

ROSA (*Salvator*) Napoletano , né en 1615 , mort en 1673.

141 — Paysage représentant la pêche du Corail. Un massif de rochers borde le rivage de la mer. Il forme une voûte naturelle ; des pêcheurs sont occupés sur divers plans à se deshabiller, à plonger , à rapporter et à charger dans des bateaux les produits de la pêche. On découvre un vaste horison de la mer. *Toile.*

142 — Paysage et marine représentant une baie de la mer. À droite sont des rochers escarpés , à gauche un promontoire couronné de montagnes qui se perdent dans le lointain. Sur le devant sont des pêcheurs qui se livrent aux travaux de leur profession. *Toile.*

143 — Paysage représentant sur la gauche une masse de rochers , et sur la droite un horison éloigné , coupé par le cours d'une rivière. *Toile.*

144 — Paysage agreste représentant Latone entourée de ses enfans et changeant en grenouilles des paysans inhospitaliers qui lui refusaient de l'eau. *Toile.*

145 — Paysage représentant un chemin cotoyant des montagnes et sur lequel se trouvent des voyageurs. *Cuivre.*

146 — Bustes de deux guerriers. *Cuivre.*

147 — Paysage pris d'une vue des Appenins, et représentant une portion du cours du Tibre. *T.*

ROSSELLI (*Matheo*) Fiorentino, né en 1578, mort en 1650.

148 — Buste de Saint Paul. Il tient dans ses mains les livres de l'écriture. *Toile.*

149 — Buste de Saint-Pierre. Les clefs et la Bible sont dans ses mains. *Toile.*

S.

SACCHI (*Andrea*) Romano, né en 1600, mort en 1661.

150 — Saint-Bernard représenté sous l'habit de son ordre, la main élevée et en action de prédicateur. *Toile.*

SALAINI (*Andrea*) Milanese. Peintre, élève de Léonard de Vinci, travaillait au commencement du 16e. siècle.

151 — Buste du Christ couronné d'épines et portant sa croix. Il est vêtu d'une tunique blanche et de la robe de pourpre. *Bois.*

SALIMBENI (*Ventura*) Senese, né en 1557, mort en 1613.

152 — Jésus sur la montagne des Oliviers, faisant sa prière. Un ange lui présente la croix. Les trois disciples du Sauveur sont endormis au pied de la montagne. *Bois.*

SALVIATI (*Francesco Rossi detto Cecchino de*) Fiorentino, né en 1510, mort en 1563.

153 — Lucrèce, dépouillée de ses vétemens, assise sur un lit antique dans l'intérieur d'un appartement décoré, lève le poignard pour se frapper et effacer par son sang l'outrage qu'elle a reçu

du fils de Tarquin. Des femmes à son service accourent en s'appercevant de cette funeste résolution. Ce peintre était élève de Michel-Ange. *Bois.*

154 — Cléopâtre ayant perdu l'espoir d'appaiser le ressentiment de César Auguste, se fait piquer au sein par un aspic. Des officiers romains chargés d'observer la reine d'Egypte accourent, mais trop tard, pour empêcher qu'elle n'attente à sa vie. *Bois.*

S. GIOVANNI (*Giovanni da*) Fiorentino, né en 1590, mort en 1636.

155 — Deux figures allégoriques, dont l'une représente un artisan joyeux et chargé d'embonpoint, l'autre une espèce de magistrat pâle et exténué. *Toile.*

SANZIO (*Raffaello*) d'Urbino, né en 1483, mort en 1520.

156 — La Vierge est assise dans un fond de paysage. L'enfant Jésus, debout, à côté d'elle sur son berceau, fait des caresses à Saint-Jean. Sainte-Elisabeth est à genoux et considère cet aimable jeu. *Bois.*

157 — Jésus debout, portant sa croix et vêtu d'une robe bleue. Deux arabesques bordent ce tableau, dont le fond est un paysage. Raphaël avait dix-sept ans quand il a fait ce tableau. *Bois.*

158 — Portrait d'une dame florentine, chez laquelle Raphaël a demeuré pendant le séjour de trois ans qu'il a fait à Florence. *Bois.*

SARTO (*Andrea Vannuchi detto il*) Fiorentino, né en 1488, mort en 1530.

159 — Le bas de ce tableau représente l'intérieur du temple et la circoncision de l'enfant

Jésus. La Vierge, Saint-Joseph, le grand prêtre et les ministres de cette cérémonie occupent le milieu; à droite et à gauche sont des grouppes de personnes distinguées, parmi lesquelles on voit un pape, des princes, des princesses et des cardinaux. Le haut est une gloire où paraît le monogramme du Christ. David, Salomon, Isaie, Abacuc et un chœur d'anges chantent les louanges du seigneur. On voit dans ce tableau avec quel art André del Sarto savait imiter le faire de Raphaël, de Jules Romain et du Frate, en conservant sa propre manière. *Cuivre.*

160 — Portrait de Pietro Capponi; ce magistrat florentin, qui harangua, au nom de sa république, le roi Charles VIII, lors de son expédition de Naples. *Bois.*

161 — Sainte-Appoline debout, costumée à à l'antique, tenant à la main les tenailles, instrument de son martyre. *Bois.*

162 — Portrait d'un jeune homme en costume d'université, mettant ses gants, et prêt à prendre ses dégrés, *Bois.*

163 — Etude de la tête d'un jeune homme *Bois.*

164 — Portrait d'une dame florentine; elle tient un petit chien et est vêtue à la manière du temps. *Bois.*

SCHIDONE (*Bartolomeo*) da Modena, mort en 1615.

165 — Saint-Barthelemi, patron du peintre, représenté la tête appuyée sur une main et tenant de l'autre le livre des évangiles; à côté de

lui est posé le couteau, symbole et instrument de son martyre. *Toile.*

SCIPIONE GAETANO (*Scipione Pulzone detto*), mort vers l'an 1590.

166 — Sainte-Famille. La Vierge présente une pomme à l'enfant Jésus. Saint-Joseph observe ce jeu innocent, et le petit Saint-Jean est endormi aux pieds du Sauveur. *Bois.*

SESTO (*Cesare da*), mort vers l'année 1524.

167 — Buste du Christ couronné d'épines et vêtu d'une tunique pourpre. Ce peintre était élève de Léonard de Vinci. *Toile.*

SIGNORELLI (*Luca*) da Cortona, né en 1440, mort en 1521.

168 — Saint-François d'Assise dans une retraite sauvage, voit paraître un séraphin enflammé qui lui imprime miraculeusement les stigmates. Un compagnon du saint se livre pendant ce temps à la lecture. *Bois.*

SIRANI (*Elisabeta*) Bolognese, née en 1638, morte en 1665.

169 — La déesse des moissons. Cérès en demi-figure, vêtue d'une tunique verdâtre et drappée d'un manteau rouge. La tête de Cérès est le portrait d'Elisabeth Sirani, qui s'est peinte elle-même dans ce sujet. *Toile.*

170 — La déesse Flore, demi-figure, entourée d'une légère tunique blanche et d'un manteau bleu. Elle rassemble des fleurs pour en former un bouquet. *Toile.*

SWANEVELT (*dit Herman d'Italie.*)

171 — Paysage représentant le matin d'un jour

d'été. Le point de vue est pris dans les environs de Rome. Un massif de rochers et d'arbres est sur la gauche ; à droite sont les ruines d'une ancienne tour. Au milieu on voit en perspective des montagnes au pied desquelles se trouve un lac. Plusieurs figures qui ont le costume des campagnes romaines, animent ce tableau. *Toile.*

172 — Le soir d'un jour d'été. Paysage pris également aux environs de Rome. Sur la droite est une grande route qui tourne en montant autour d'un rocher couronné d'arbres. Sur la gauche on découvre le prolongement d'une riche vallée. L'horison est orné par des montagnes qui s'élèvent progressivement. Diverses figures sont répandues dans ce tableau. *Toile.*

173 — Paysage représentant un site d'Italie, avec figures. *Cuivre.*

T.

TARUFFI (*Emilio*) Bolognese, né en 1633, mort en 1696.

174 — Repos de la Sainte Famille en Egypte. La Vierge, l'enfant Jésus, Saint-Jean et Saint-Joseph sont représentés dans un fond de paysage; des chérubins et des anges planent dans les cieux au-dessus du Sauveur. Ce peintre était un des principaux élèves de l'Albane. *Toile.*

TIARINI (*Alessandro*) Bolognese, né en 1577, mort en 1668.

175 — La Vierge en adoration, les mains croisées sur la poitrine. *Toile.*

TIBALDI (*Pellegrino*) detto Pellegrino da Bologna, né en 1527, mort en 1591.

176 — L'adoration des bergers. L'enfant Jésus,

couché dans sa crèche, entouré de la Vierge et de Saint-Joseph, reçoit les hommages de ses premiers adorateurs. Dans une gloire qui couronne ce tableau, est un grouppe d'anges qui célèbrent par des hymnes la naissance du Sauveur. *Toile.*

TINTORETTO (*Jacopo Robusti*) detto il Venezziano, né en 1512, mort en 1594.

177 — Crucifixion de Jésus entre les larrons sur le calvaire. Un grand nombre de personnages à pied et à cheval remplissent les différens plans de ce tableau. Au pied de la croix est la Vierge entourée de plusieurs saintes femmes. *Cuivre.*

178 — Tableau allégorique représentant une femme entre l'été et l'hiver de sa vie. *Toile.*

TITO (*Santi di*) di Borgo S. Sepolcro, né en 1538, mort en 1603.

179 — Tête de Vierge. *Bois.*

TIZIANO (*Vecellio*) da Cadore, né en 1477, mort en 1576.

180 — Repos de la Sainte Famille. L'enfant Jésus, sur les genoux de sa mère, tend les mains à Saint-Joseph et à Saint-Jean qui lui amène un petit agneau. Le fond représente un paysage couvert d'arbres, et une tige de mauve en fleurs caractérise ce tableau. *Toile.*

181 — La Vierge tient l'enfant Jésus sur ses genoux. Le fond représente une niche arrondie et ornée de moulures. Le Titien était élève de Jean Bellin, et en la perfectionnant, a longtemps conservé sa manière. *Bois.*

TIZIANO (*Marco Vecellio*), Nipote di Tiziano da Cadore, né en 1545, mort en 1611.

182 — La Vierge est à genoux, les mains

jointes en acte d'adoration. Devant elle, sur une draperie blanche et la tête appuyée sur un coussin, est couché l'enfant Jésus endormi. *Toile.*

TORBIDO (*Francesco*) detto il Moro, Veronese.

183 — La Vierge présente à l'enfant Jésus, assis sur ses genoux, quelques cerises. A côté d'elle est Sainte-Elisabeth, qui porte un livre surmonté d'un petit agneau. Ce peintre était élève du Giorgion. *Bois.*

TREVISANI (*Angelo*) Veneto, mort vers l'année 1755.

184 — Jésus-Christ est à table avec ses apôtres. Sainte-Magdeleine répand sur les pieds du Sauveur un vase de parfums. Le fond représente un portique soutenu par des colonnes. *Toile.*

TURCHI (*Alessandro*) Veronese detto l'Orbetto, né en 1582, mort en 1648.

185 — Les eaux du déluge s'élèvent successivement, des mères éplorées font des efforts pour soustraire leurs enfans à ce fléau. Des hommes aident leurs femmes à gagner les réfuges qui restent au-dessus de la surface des eaux. La douleur et le désespoir se peignent sur toutes les figures. *Cuivre.*

V.

VANNI (*Francesco*) Senese, né en 1565, mort en 1609.

186 — Sainte-Catherine embrassant affectueusement l'agneau, symbole du Rédempteur. *Toile.*

VASARI (*Georgio*) Aretino, né en 1512, mort en 1574.

187 — Jésus à table avec ses douze apôtres, faisant la cène. Il rompt le pain de l'Eucharistie pour le leur distribuer. *Bois.*

VIGNALI (*Jacopo*) Toscano, né en 1592, mort
en 1664.

188 — Un jeune peintre, vêtu à l'Espagnol,
est assis dans son attelier devant une table. Il
tient à la main son crayon, le regard tourné en
arrière vers une jeune femme appuyée sur ses
épaules. Il semble étudier ses traits pour en faire
le portrait. Ce peintre a été le maître de Carlo
Dolci. *Toile.*

VITE (*Timoteo della*) Urbinate, né en 1470,
mort en 1524.

189 — La Vierge a sur ses genoux l'enfant
Jésus, qui tient une croix faite de roseau. Saint-
Jean embrasse cette croix et se dévoue au minis-
tère de précurseur. Ce peintre a été élève du Pé-
rugin et de Francia. *Bois.*

Z.

ZUCCARO (*Thaddeo*) di S. Angelo in Vado, né
en 1529, mort en 1566.

190 — Procession que le pape Grégoire Ier. fit
faire à Rome pour obtenir du ciel la cessation de
la peste qui y régnait. Ce fut à cette occasion
que le mausolée d'Adrien prit le nom du château
Saint-Ange, parce qu'on prétend qu'un ange
placé au sommet de cet édifice remit dans le fou-
reau l'épée dont il était armé. *Cuivre.*

191 — Sous le pontificat du pape Libère, en
355, fut fondée l'église de Sainte-Marie majeure,
dans un lieu indiqué par le ciel. Des neiges
avaient couvert cet endroit le 5 du mois d'août ;
on les déblaya et on y jeta les fondemens de cette
célèbre basilique. *Cuivre.*